AF338527

LETTRE

DE

M. MADIER DE MONTJAU,

Conseiller à la Cour royale de Nîmes, chevalier de la Légion
d'honneur,

A M. PASQUIER,

Ministre des affaires étrangères, membre de la chambre des députés,

DU 5 JUIN 1820.

PARIS,

CHEZ CORRÉARD, PALAIS ROYAL, GALERIE DE BOIS,

—

1820.

MADIER DE MONTJAU, *Chevalier de la Légion d'honneur,*

A SON EXCELLENCE

Monseigneur PASQUIER, *Ministre des affaires étrangères, membre de la Chambre des députés.*

Pierrelatte, le 5 juin 1820.

MONSEIGNEUR,

APPELER sans une pressante nécessité l'attention publique sur votre excellence et sur moi, serait un tort d'autant plus réel que je cours risque d'augmenter par la publicité de ma lettre le nombre déjà si grand de ceux qui m'ont voué leur haine. Il ne peut donc m'être ni agréable, ni avantageux de m'attaquer publiquement à vous, monseigneur ; après les éloges dont vous m'avez honoré, on peut me croire obligé, par un juste retour de politesse, à toute sorte d'égards envers vous ; mais les égards ne l'emportent sur les devoirs que pour ceux qui ne connaissent pas la morale véritable. La mienne est d'aimer avant tout l'humanité et la patrie ; ai-je été coupable ou imprudent pour avoir conformé ma conduite à ces principes? Je me soumets sur ce point au jugement des hommes dont la conscience connaît d'autres craintes que celle de déplaire au pouvoir.

Vous avez dit à la tribune, monseigneur, dans votre discours du 25 avril, paragraphe 4 :

« Les événemens des cent jours avaient de toutes « parts recréé les partis les plus ennemis, ils avaient « en quelque sorte ravivé la révolution toute en- « tière ; ils avaient remis les hommes dans cette « affreuse situation de croire qu'ils pouvaient se « FAIRE JUSTICE A EUX MÊMES etc. etc. etc. » Au commencement de ce paragraphe, vous témoignez un regret amer que j'ai levé le voile « qui, pour « le bien de tous, devrait couvrir éternellement « ces temps malheureux dont on vient si inutile- « ment de retracer le souvenir, je dis si inutile- « ment, parce que rien dans le présent ne res- « semble à ce passé si déplorable. »

Ainsi, monseigneur, malgré tous les faits accumulés dans ma première pétition, et qui démontrent que, pour les protestans surtout, l'avenir qui se prépare doit être encore plus terrible que le passé, vous vous obstinez à nous présenter de rians présages; vous reproduisez en d'autres termes cette effrayante maxime: *ensevelir les fautes de l'autorité dans les entrailles de la terre.*

Ainsi, monseigneur, des pillages qui ont duré quatre mois entiers sans interruption; des massacres qui ont duré aussi plus de quatre mois, et dont l'intermittence même causait plus d'effroi qu'une St Barthélemy, parce que l'imagination ne pouvait plus en entrevoir le terme possible; ces horreurs commises en présence de deux mille cinq cents hommes de garde nationale, de deux mille cinq cents hommes de troupes réglées, sous les yeux de toutes les autorités judiciaires, administratives et militaires dont l'action n'a pas été une minute contestée ou interrompue dans le département du Gard depuis le 16 juillet 1815; ces horreurs vous ont paru atténuées par un prétendu état de désorganisation sociale; vous reconnaissez que les sicaires de Nîmes ont pu n'être égarés que par la pensée de se *faire justice à eux-mêmes.*

Puis-je me taire sur ces paroles que je laisserai à votre propre équité le soin de qualifier, lorsque je vous aurai démontré, monseigneur, combien elles sont dangereuses, et combien elles sont démenties par l'évidence des faits que je croyais les mieux connus par votre excellence? Pour qu'il me fût permis de garder le silence en cette occasion , il faudrait que jamais je n'eusse pris la plume sur ce douloureux sujet ; il faudrait que j'eusse préféré la tranquillité de ma famille et la mienne à la défense glorieuse d'une tribu infortunée que le fanatisme menace plus que jamais, et qui n'est protégé dans l'esprit des ministres (votre discours en offre la triste preuve) ni par la connaissance même la plus superficielle des faits , ni par le plus léger désir de s'en instruire ; il faudrait enfin qu'on pût supposer ou que ces terribles passages ont échappé à mon intention , ou bien qu'on ne pût induire de mon silence que j'adhère à ce que vous avez avancé.

Je dois parler, vous le sentez, monseigneur, je dois combattre ce qui me remplit de douleur et d'effroi. Je dois refuter ce qui, dans votre bouche, a été d'un si grand poids , surtout quand on considère que votre discours, prononcé après celui de M. de St. Aulaire, a été une sorte de protestation contre les assertions de cet honorable et courageux député.

Cet orateur avait dit : « Il était dans mon pro« jet de m'étendre le moins possible sur ce qui « s'est passé dans le Gard en 1815 : mais je viens de

« lire dans un journal, soumis, comme les autres,
« *à la censure du gouvernement*, que l'on devait
« considérer les crimes commis après la seconde
« restauration, comme une sorte de *représailles*,
« suite nécessaire de ce qui s'était passé antérieu-
« rement. Il m'est impossible de laisser l'opinion
« du public et celle de la chambre s'égarer sur ce
« point ; je dirai, puisque l'on persiste dans d'in-
« justes récriminations, que non seulement les
« crimes commis après la seconde restauration
« *ont été atroces, mais encore qu'ils ont été gratuits ;*
« j'en appelle à mes collègues de députations, à
« tous ceux qui connaissent le département du
« Gard, je déclare en leur nom comme au mien
« *que pas une goutte de sang n'a coulé à Nîmes*
« *pendant les cent jours.* A Arpaillargues deux
« volontaires royaux ont été frappés les armes à
« la main, mais c'était un combat contre d'autres
« hommes armés. »

« Je ne prétends pas dire que pendant les cent
« jours les bons royalistes n'aient pas eu cruel-
« lement à souffrir ; ils ont eu la douleur, comme
« toute la France, de voir renverser le gouver-
« nement légitime, mais les recherches les plus
« exactes ne m'ont appris aucune persécution
« dont ils aient été l'objet. »

Tout le monde garda le silence , M. de la Bourdonnaye se tut devant M. de St. Aulaire, c'est

qu'il sentait bien qu'à la moindre dénégation, il aurait été accablé sous le poids des preuves *légales* ; mais à la fin de cette séance, un passage habilement et artistement préparé de votre discours, sans attaquer de front M. de St. Aulaire, vint adroitement protester contre ce qu'il avait avancé, et rendre leur audace accoutumée à des hommes que la contenance ferme de ce député avait intimidés.

Je n'ai ni le temps ni la volonté de faire un mémoire, je me renfermerai dans d'étroites limites ; mais telle est l'évidence et la supériorité de la cause que je défends, qu'elle peut être resserrée, sans être affaiblie, dans un cadre très-borné.

Obscurcir la vérité par des mensonges audacieux, tel a toujours été, à toutes les époques, le système des persécuteurs des protestans. En 1815, M. d'Argenson était un imposteur ; aujourd'hui il faut se résoudre à avouer des excès, mais aussitôt on ajoute que ce ne sont que de *faibles représailles*. Persévérant dans leur système, dès que nous les aurions convaincus d'impostures sur ce point, les événemens de 90 deviendraient pour eux le texte d'inépuisables calomnies. Il est donc nécessaire de jeter un coup-d'œil rapide sur tous ces événemens.

Et d'abord sur ceux de 90.

Les protestans avaient obtenu à cette époque l'égalité complète avec les autres citoyens, tous leurs vœux étaient accomplis. Allumer la guerre civile, verser le sang des catholiques, c'était agir contre leurs intérêts évidens ; c'était s'exposer à perdre tous les avantages de leur position nouvelle et tous les droits qui venaient de leur être rendus.

Les protestans sont à Nîmes par rapport aux catholiques, dans la proportion d'un à trois, la chance des combats ne leur était donc pas favorable. Je prie de peser ces deux observations. En 1790 y eut-il, comme en 1815, massacre de victimes désarmées, ou de véritables combats ???

Tous les partis sont d'accord qu'il y eut combat long et sanglant avec perte des deux côtés ; le parti vaincu a uniquement insisté sur ce point, que les vainqueurs abusèrent de leur victoire.

Quel parti provoqua le combat et le rendit inévitable ???, récusez-vous, monseigneur, le rapport de M. Alquier à l'Assemblée nationale ; et bien, il faut vous produire un témoignage irrécusable pour vous et pour M. de la Bourdonnaye lui-même, c'est celui d'un émigré, de M. Froment de Nîmes, lequel fut long-temps secrétaire du cabinet du roi. Dans la lettre à M. le marquis de Foucault, imprimée par Michaud, en 1817, il réclame une récompense pour avoir préparé et organisé la bagarre de Nîmes, et il dit.................., mais réflexions faites, je ne veux pas citer cette citation, je ne veux pas offrir à M. Lainé, l'occasion d'une nouvelle digression offensante pour ce qu'il y a de plus respectable au monde.

Je me borne, monseigneur, à vous renvoyer à ce mémoire. Rien de plus précieux n'a été publié depuis trente ans. Que si la difficulté devenue très-grande, de se le procurer, vous arrêtait, je vous renvoie aux citations littérales qui en sont faites dans la deuxième livraison de l'ouvrage de M. Lauze de Peret, et qui occupent les pages 196, 197, 198, 199 et 200, de cette seconde livraison. Après cette lecture vous serez convaincu, monseigneur, que les protestans ont été contraints à se battre pour défendre leur vie, et que les ligueurs se vantent hautement d'avoir été les agresseurs.

Pour compléter votre conviction je vous renverrai au réquisitoire prononcé par M. Boyer, catholique zélé, intime ami de tous les ligueurs, mais que la force irrésistible de la vérité obligeait à dire peu avant le 4 juillet 1790, en présence de l'assemblée tenue pour la confédération nationale. « Ci-
» toyens, que cette fête patriotique ne soit pas
» troublée par d'affligeans souvenirs de haine et
» d'inimitié, repoussez-les loin de vous avec géné-
» rosité, et souvenez-vous désormais que vous êtes
» trop grands pour ne pas vous élever au-dessus
» de ces faiblesses humaines.

» Plaignez ceux qui, par un *déplorable aveugle-*

» *ment*, n'ont pas craint de *lutter contre les lois*,
» et que leur *chute méritée* ne vous fasse pas oublier
» qu'un véritable repentir peut les faire redevenir
» vos frères.

» Croyez que le spectacle touchant de votre fé-
» dération les contraindra à rentrer en eux-mêmes,
» croyez qu'il les forcera d'abjurer de trop fatales
» erreurs, etc. etc. etc. »

C'est après avoir entendu la lecture de ce réquisitoire que le corps municipal présidé par M. Mur-
jas, zélé catholique, présens et opinans MM. du
Roure, Razoux, Fornier, Ferrand de Missol, Gas,
Grelleau, Pontier, Lieutier et Laporte, tous connus
par leur attachement au parti Froment, signèrent
ce qui suit : « Lecture faite des discours de MM. Mur-
» jas et Boyer, le corps municipal a déclaré una-
» nimement, qu'il ne peut que louer le zèle et le
» patriotisme qu'ils renferment, et que les senti-
» mens qui y sont exprimés, sont communs à tous
» les membres de la municipalité. »

Ainsi les ligueurs de Nîmes sont convaincus
d'avoir été les agresseurs, et par les aveux de
M. Froment leur chef, et par les actes de cette municipalité dont l'immense majorité désirait le succès
de leur entreprise.

Quel fut le nombre des morts dans les funestes
journées des 13, 14, 15 et 16 juin 1790.

Il fut constaté et par des magistrats catholiques, et par des procès-verbaux de la municipalité de Nîmes, dont je répète, que les vœux secrets mais bien connus, étaient pour les ligueurs. Ces procès-verbaux ont invinciblement prouvé qu'il y eut de part et d'autre, cent trente-quatre individus tués sur la place, quatre morts à la suite de leurs blessures, et quatre autres extrêmement maltraités, tous les cent trente-huit morts, sont désignés personnellement dans ces procès-verbaux qui existent encore.

On peut avec ces pièces irrécusables, apprécier l'esprit qui a inspiré les atroces hyperboles de plusieurs brochures où l'on porte le nombre des victimes de la bagarre, à 800, à 1000 et même à 1500.

Examinons, et toujours très-rapidement, quelle fut la conduite et le sort des protestans, pendant les années qui suivirent 1790. On n'a cessé de s'étendre avec une complaisance perfide, sur l'influence despotique qu'ils avaient exercée pendant la révolution et sous le régime impérial.

Des faits incontestables vont répondre à ces allégations.

Sur huit députés que le département du Gard fournit à la Convention nationale, deux seulement étaient protestans.

Un tribunal révolutionnaire fut organisé à Nîmes, un seul protestant en fit partie, tous les autres membres étaient catholiques.

Ce tribunal fit périr cent trente-neuf victimes, et dans la liste de ces victimes, on compte un israélite, quatre vingt douze catholiques et quarante-six protestans.

Il est vrai qu'à Nîmes la mairie a été long-temps confiée à des protestans, mais les adjoints et les membres du conseil étaient pris en nombre égal dans les deux cultes.

Jamais dans le département du Gard, un protestant ne fut ou préfet ou procureur-général, ou premier président de la cour; et, ce n'est même que depuis le retour du roi, qu'un protestant M. Fornier de Clauzonne, a obtenu la place de président de chambre dans la cour royale : il est facile de consulter les almanachs impériaux, et de se convaincre que dans le département du Gard, la plus grande partie des emplois publics, et surtout les fonctions les plus éminentes ont été constam-ment entre les mains des catholiques.

Je serai très-bref ou plutôt je ne dirai rien des événemens de 1814, quoiqu'il me fût facile de dé-montrer que des provocations atroces, réitérées pendant plusieurs mois, avaient justement irrité les protestans et les avaient naturellement amenés à cette malheureuse pensée de croire que le nouveau gouvernement était encore animé contr'eux de ces funestes préventions qui, pendant un siècle et demi avaient rendu leur sort si déplorable.

J'arrive aux cent jours. Les protestans instruits comme le reste de la France, des rapides succès de Napoléon, se déclarèrent-ils pour lui? Non, la révolution du 3 avril fut faite par des militaires : à la vérité ils avaient montré une répugnance extrême à s'enrôler dans les mêmes cohortes avec les mêmes hommes qui, pendant dix mois, avaient fait retentir à leurs oreilles des chansons et des menaces de cannibales.

Le prince signa la capitulation de la Palud, par laquelle il était enjoint à toutes les troupes de son armée de déposer leurs armes avant de rentrer dans leurs foyers. Immédiatement après cette convention plusieurs de ces hommes qui, en toute occasion, s'arrogent le privilége d'être plus royalistes que les princes et le roi, plusieurs officiers supérieurs de l'armée du prince engagèrent fortement leurs soldats à cacher et à garder leurs armes, voici les preuves *de cette fidélité*, à observer la capitulation.

« L'an 1815 et le 21 octobre, par-devant nous
« Fournier, juge d'instruction par remplacement
« de l'arrondissement de Nîmes, assisté de Viguier,
« commis greffier, sont comparus etc. etc. etc.

« Jean Saunier, âgé de vingt-huit ans, travailleur
« de terre, dépose : Revenant de l'armée de mon-
« seigneur le duc d'Angoulême après la capitula-
« tion de la Palud, je m'étais rendu avec mes chefs
« et mon corps à Saint-Jean-des-Anels, de là nous
« dirigeâmes sur Uzès, lorsque nous fûmes au mi-
« lieu d'un bois, près d'un village dont je ne me
« rappelle pas le nom, notre général M. de Vogué,
« nous dit qu'il fallait que nous nous retirassions
« chacun chez nous; nous lui demandâmes où
« nous devions déposer le drapeau : dans le mo-
« ment le commandant Magné le détacha du bâton
« et le mit dans sa poche; nous demandâmes au gé-
« néral où nous devions déposer nos armes, il nous
« répondit que nous devions les conserver, croyant
« qu'il n'y en aurait pas pour long-temps avant
« que nous en eussions besoin, et même que nous
« devions les conserver, ainsi que nos munitions,
« pour nous garantir en chemin de tout événement
« malheureux ».

Nicolas-Marie dépose.......... : « Nous demandâ-
« mes à notre général ce que nous devions faire
« de nos armes; il nous répondit qu'il fallait les con-
« server de même que nos munitions, qui pour-
« raient nous être utiles; dès ce moment nos chefs
« nous abandonnèrent, et chacun se sauva comme
« il le put ».

Jean-Baptiste Fabrique dépose.......... : « M. de

« Vogué nous dit que nous pouvions chacun nous
« retirer chez nous ; nous lui demandâmes ce qu'il
« fallait faire de nos armes ; il nous répondit que
« nos armes et nos munitions pourraient nous être
« nécessaires, que, par conséquent, il fallait les
« garder, et que nous pouvions chacun nous reti-
« rer chez nous ; dès ce moment, les chefs nous
« abandonnèrent, chacun se retira de son côté ;
« nous restâmes soixante-quatre réunis ».

Paul Lambert, passementier à Nîmes, dépose.......
« Au milieu d'un bois, M. de Vogué et les autres
« chefs nous dirent de nous retirer chacun chez
« nous, on fit plier le drapeau que M. Magné mit
« dans sa poche. Nous demandâmes à nos chefs ce
« que nous devions faire de nos armes, M. de Vogué
« nous dit qu'il fallait les garder, que nous ne res-
« terions pas long-temps sans en avoir besoin : que
« d'ailleurs elles pourraient nous servir en route
« pour nous défendre s'il nous arrivait quelque
« chose ».

Reymond dépose......: « Lorsque nous fûmes dans
« un bois près d'un village appelé *Cavillargues*,
« M. de Vogué et les autres chefs nous dirent de nous
» retirer chacun chez nous. Nous demandâmes à
« un chef ce que nous devions faire de nos fusils,
« il nous fut répondu de les garder pour notre
« défense en route ; que bientôt nous en aurions
« besoin *pour resservir le prince, etc. etc.* ».

Monseigneur , j'ai suivi l'épouvantable affaire d'Arpaillargues, et j'atteste, sans crainte d'être démenti, qu'une foule de témoins a confirmé les dépositions précédentes : voilà *avec quelle fidélité* a été exécutée la capitulation de la Palud.

Mais tant de victimes auxquelles la capitulation devait servir d'égide, tant de malheureux, pillés, noyés, égorgés !!!

M. Lauze de Peret, quatrième livraison , page 69 s'exprime en ces termes : « J'invoque d'abord un « témoin respectable que nul parti ne récusera, « M. le baron de Damas. S'il affirme que dans le Gard « quelqu'un a été tué ou jeté dans le Rhône après « la capitulation au Saint-Esprit , je ne réclame « plus en rien pour mes propres assertions la con- « fiance du public. Non, il n'est pas vrai qu'un seul « homme ait été assassiné. Un individu a été blessé « grièvement, mais par un malheur auquel nulle « volonté n'a ici part : il marchait sur le parapet du « pont, à cause de la foule, et il tomba sur l'une « des piles, comme je l'ai dit dans ma première « livraison.

« Il y a long-temps qu'on a défié tous ces calom- « niateurs aussi nombreux que ridicules, de citer, « de nommer un seul homme assassiné ou jeté dans « le Rhône, et nul que je sache, n'en a encore cité « un seul. -- Cependant, le *Journal des Débats* et

« le *Journal de Paris*, le 11 septembre 1817 , ont
« inséré la réclamation de M. Achille Daunant ,
« contre les étranges assertions de M. Alphonse
« Beauchamp , qui, étranger aux troubles de Nî-
« mes, et n'étant nullement compromis, n'avait pas
« besoin d'outrager ainsi la vérité, assez d'autres le
« faisaient, se sentant intéressés à présenter comme
« une réaction les crimes, les attentats de leur
« parti, afin d'en affaiblir l'horreur : qu'a répondu
« M. Achille Daunant à toutes ces impostures ? la
« vérité ; M. *de Beauchamp apprendra, sans doute,*
« *avec plaisir que les recherches faites avec la plus*
« *scrupuleuse exactitude au sujet de ces prétendus*
« *assassinats, ont donné la preuve que deux volon-*
« *taires royaux seulement ont péri dans ce dépar-*
« *tement en traversant le village d'Arpaillargues,*
« *avec une troupe nombreuse , dont ils faisaient*
« *partie.*

Voilà en effet à quoi se réduisent tous ces assassinats, tous ces meurtres , toutes ces noyades ».

On a prétendu qu'une compagnie de la garde
urbaine était allée porter le trouble à Saint-Gilles,
et qu'elle n'en était revenue que couverte du sang
d'un de ses concitoyens. Cet individu est Jean Do-
navel, il est plein de vie , et il ne reçut qu'une
blessure si légère qu'il revint immédiatement après
de Saint-Gilles à Nîmes à *pied.*

De quel front les hommes purs, les honnêtes gens par excellence, récuseraient-ils des procédures faites en 1815 et 1816, sous la direction du grand M. Bernard, ce magistrat qu'ils idolâtrent, et dont ils ont si fort préconisé le dévouement. Lorsque les investigations, je ne dirai pas les plus hostiles, mais les plus actives, faites par des magistrats très-zélés en 1815 et 1816 ont établi LÉGALEMENT que les massacres des cent jours se réduisaient à deux individus tués à Arpaillargues, et à quelques légères blessures; lorsque ces procédures ont démontré qu'il n'avait pas été répandu une SEULE GOUTTE DE SANG dans Nîmes pendant les cent jours, ainsi que l'a dit M. de Saint-Aulaire, nous sommes encore condamnés à entendre parler de *réprésailles* et de torrens de sang catholique répandu ! ! !

Un assez grand nombre de protestans fut condamné à des peines correctionnelles, à la réclusion, au carcan, aux galères, à la marque, pour avoir dépouillé des volontaires royaux, c'est-à-dire, pour avoir exécuté les ordres donnés par les autorités des cent jours, d'enlever leurs armes à ceux des volontaires royaux qui les avaient conservées malgré la capitulation de la Palud, mais la voix publique ne tarda pas à s'élever contre cette étrange interprétation qui assimilent au vol à main armée sur les grandes routes, le désarmement effectué

d'après les ordres d'une autorité reconnue, la clé-
mence, ou pour mieux dire la justice du monar-
que s'empressa de réparer tout ce qui était répa-
rable, c'est pendant que vous occupiez le ministère de la justice, monseigneur, qu'ont été expé-
diées presque toutes les lettres de grâces accordées
à ceux qui avaient été condamnés pour dépouil-
lement de volontaires royaux. Comment concevoir
que vous ayez sitôt oublié que malgré l'extrême
sévérité déployée dans ces procédures contre les
protestans, deux homicides seulement avaient été
prouvés, et que jamais pendant les cent jours, le
sang catholique n'avait été versé à Nîmes.

Examinons rapidement les horreurs qu'une
atroce perfidie veut couvrir maintenant du nom
des représailles. L'armée de Beaumaire s'était for-
mée : elle était devenue complétement inutile
après l'armistice que je fis signer à ces chefs dans
la nuit du 6 juillet; mais ils se gardèrent bien de
la licencier.

Conformément à cet armistice, la garde urbaine
prit la cocarde blanche et proclama le gouvernement de Louis XVIII, le 16 juillet, dès que la
rentrée du roi à Paris fut connue.

J'ai dit ailleurs que depuis quarante-huit heu-
res, le drapeau blanc flottait à toutes les fenêtres
lorsque le tocsin appela dans Nîmes six mille
furieux.

Alors des procédures n'avaient point encore établi la vérité d'une manière incontestable sur les événemens d'Arpaillargues, et le peuple avait été soigneusement imbu de l'idée que cinquante volontaires royaux y avaient perdu la vie; au contraire, la calomnie la plus audacieuse s'était bornée à dire qu'à Nîmes, on n'avait tué aucun miquelet mais qu'on leur avait donné la chasse dans la campagne comme à des bêtes fauves, il était donc naturel d'espérer que Nîmes serait traité avec ménagement, et de craindre qu'Arpaillargues serait abandonné aux traitemens les plus affreux.

Arpaillargues a eu moins à souffrir qu'une foule d'autres villages. Le village d'Arpaillargues est pauvre.

L'opulence des protestans nismois offrait une proie sûre à l'avidité des brigands. Nîmes fut abandonné au massacre et à la dévastation. Un exemple rendra sensible cette vérité; M. Vincent Saint-Laurent, homme de lettres distingué, était accusé par les *hommes purs* de jacobinisme, comme le sont tous les amis de la charte; son frère M. Vincent Mourgue, banquier, avait par je ne sais quel bonheur, échappé à cette accusation, et jamais son royalisme n'avait été révoqué en doute, il en donna des preuves pendant les cent jours; une somme considérable fut par lui versée dans la caisse de monseigneur le duc d'Angoulême, et son fils aîné eut l'honneur d'accompagner ce prince dans son expédition.

Les brigands arrivent dans Nîmes le 17 juillet; l'humble maison de l'homme de lettres n'excite pas même leur curiosité; mais l'hôtel du riche banquier fut attaqué sur-le-champ, pillé et dévasté de fond en comble.

Je m'abstiens de toute réflexion!!

Monseigneur, ces horreurs se sont prolongées pendant plusieurs mois en présence d'autorités qui avaient alors à leur disposition dans la seule ville de Nîmes cinq mille soldats; elles ont été exercées contre des hommes qui, toujours généreux envers leurs bourreaux, n'avaient pas versé une goutte de sang dans les cent jours; vous deviez connaître les faits mieux que personne, et cependant vous n'avez pas craint, monseigneur, de proférer des mots d'où on peut induire que les assassins s'ETAIENT FAIT JUSTICE A EUX MEMES. Vous avez laissé tomber sur les protestans ces terribles paroles, et au même instant la haine sanguinaire de leurs ennemis s'en est emparée. Le surlendemain, M. de la Bourdonnaye a publié dans le *Drapeau blanc* du 27 avril, son épouvantable manifeste; M. de Saint-Aulaire l'avait réduit au silence, votre discours lui a rendu la hardiesse d'imprimer : « sujets dévoués et soldats d'un Bour- « bon, les volontaires royaux du midi avaient un

« double titre à la haine des révolutionnaires ;
« mais lorsqu'une capitulation, LOYALEMEMT OB-
« SERVEE mettant un terme à leur généreux dé-
« vouement, leur permettait de regagner, *épars*
« *et désarmés*, leurs foyers domestiques ; français
« et malheureux , ils avaient un double droit
« d'attendre protection et sûreté de leurs conci-
« toyens ; cependant, poursuivis , égorgés , ils ne
« trouvèrent que des ennemis dans des frères, et
« le sang des catholiques opprimés COULA PAR
« TORRENS sur une terre inhospitalière.

« Faut-il s'étonner qu'aigris par leurs ressenti-
« mans, et libres du joug qui pesait sur la France,
« *quelques catholiques*, usant *de réprésailles*, aient
« vengé dans le sang, le sang de leur parti ? etc. ».

Qu'importe au noble comte que les gens de bien
frémissent d'indignation à la lecture de ses impostures, ce ne sont pas les gens de bien qu'il veut
convaincre et rassurer. Sa note officielle a été
écrite pour ces hommes que ma pétition avait un
moment troublés.

Songez aux maux qui vous menacent encore,
infortunés qui croyez avoir du moins acheté un
long repos par votre résignation en 1815 ! Malgré
les procédures de M Bernard , malgré des preuves
évidentes comme la lumière ; malgré le noble discours de M. de Saint-Aulaire, vous voyez des écri-
vains sans conscience et sans humanité, vous voyez

des,députés, imprimer que vous avez versé LE SANG
PAR TORRENS ! !

Je le demande en votre nom, au noble comte
qui vous impute sans conviction et sans droit les
plus odieux forfaits; combien exige-t-il encore de
victimes pour ne plus parler de ce fleuve de sang
qu'il vous accuse d'avoir répandu; lui faut-il des
dragonades ou une saint Barthelemy, pour que
son âme généreuse et douce avoue qu'enfin la
compensation est établie, et que le sang a payé
le sang ? ?

Je le demande en votre nom au ministre, dont
les paroles ont été comme le signal de nouvelles
calomnies. Ces cruelles paroles sont-elles le terme
et la mesure de la partialité promise à un parti,
avec une franchise si étonnante, et accordée avec
une si désastreuse fidélité?

Serait-il possible que M. de la Bourdonnaye
ne fût coupable que du tort déjà immense d'avoir
parlé de ces événemens sans les connaître; a t-il
calomnié les protestans par ignorance? eh bien,
qu'il désavoue ses accusations.

Il est impossible aussi qu'il reste le moindre
doute à votre excellence.

Je vous adjure tous deux comme députés,
comme hommes, comme chrétiens, de rétracter
solennellement des paroles également funestes,

et par leur horrible clarté , et par leur effrayante obscurité.

Si je n'obtenais pas une démarche que commandent l'honneur , la justice et l'humanité; si l'article de M. de la Bourdonnaye n'était pas poursuivi par le ministère public, à défaut de rétractation , je n'hésiterais pas à manifester toutes mes craintes, et je proclamerais que les protestans du Gard ESSUYERONT DES REPRÉSAILLES plus affreuses qu'en 1815, dès que les *honnêtes gens* posséderont le pouvoir.

Monseigneur , j'ai dit dans ma première pétition : « C'est alors que les victimes d'atrocités « inouies gémissent sous un vaste système de ca- « lomnie , c'est quand on s'efforce d'éterniser les « défiances du gouvernement, et d'étouffer dans « leurs principes les sentimens réciproques de « sécurité et d'amour ; c'est alors qu'il convient « le mieux d'invoquer à la fois la justice et la « pitié. Ma voix vient de rendre témoignage à la « vérité. Je renouvellerai ce témoignage, toutes « les fois que j'aurai lieu de craindre de voir « renouveler une monstrueuse persécution. »

Voilà, monseigneur, les motifs qui m'ont fait protester contre les terribles paroles qui sont sorties de votre bouche.

Jusqu'au dernier soupir, je remplirai l'engagement que je me suis imposé ; j'accomplirai l'œuvre de ma vie.

Daignez agréer l'hommage du profond respect avec lequel j'ai l'honneur d'être,

Monseigneur,

Votre très-humble et très-obéissant serviteur,

MADIER DE MONTJAU.

Pierrelatte, le 5 juin 1820.

⁓⁓⁓⁓⁓

Certifié conforme à l'original adressé à M. Pasquier.

J'autorise et invite M. Corréard libraire, à faire imprimer sans délai la lettre ci-dessus.

MADIER DE MONTJAU.

Pierrelatte, le 5 juin 1820.

IMPRIMERIE DE MADAME JEUNEHOMME-CRÉMIÈRE, rue Hautefeuille, n° 20 bis.

www.ingramcontent.com/pod-product-compliance
Lightning Source LLC
Chambersburg PA
CBHW050016070726
47598CB00014B/1758